本书编委会名单

主　编　许正中　邓务贵

编　委　侯兵臣　高天琼　王　毅　周凤荣　雷凯红

　　　　李　丹　岳　奎　尹旦萍　刘建江　姚亭华

　　　　陈　静　杨　博　李　沛　蒋立红　杨建国

　　　　肖　中　王红梅　冯瑶瑶　邓　飞　王根生

　　　　陈远浪

中国式现代化初中生学习六课

中共湖北省委宣传部 编

人民出版社

前　言

1949 年，在开国大典的阅兵式上，参阅飞机只有 17 架。周恩来总理指示：飞机不够，我们就飞两遍。时光如水，大道如砥。今天的中国，早已山河无恙、国富兵强，我们的飞机再也不用飞第二遍了。我们可以告慰革命前辈：这盛世，如您所愿。

道路决定命运。中国共产党一经诞生，始终把为中国人民谋幸福、为中华民族谋复兴作为自己的初心使命，始终坚持共产主义理想和社会主义信念，团结带领全国各族人民，历经千辛万苦，付出巨大代价，探索出了强国建设、民族复兴的唯一正确道路——中国式现代化，造就了今天的盛世。

事非经过不知难，成如容易却艰辛。历经百余年，党领导人民浴血奋战、百折不挠，创造了新民主主义革命的伟大成就，为实现现代化创造了根本社会条件；自力更生、发愤图强，创造了社会主义革命和建设的伟大成就，为现代化建设奠定根本政治前提，提供了宝贵经验、理论准备、物质基础；解放思想、锐意进取，创造了改革开放和社会主义现代化建设的伟大成就，为中国式现代化提供了充满新的活力的体制保证和快速发展的物质条件；自信自强、守正创新，创造了新时代中国特色社会主义的伟大成就，成功推进和拓展了中国式现代化。中国式现代化深深植根于中华优秀传统文化，体现科学社会主义的先进本质，借鉴吸收一切人类优秀文明成果，代表人类文明进步的发展方向，展现了不同于西方现代化模式的新图景，是一种全新的人类文明形态。历史和实践已经并将进一步证明，这条中国式现代化道路，不仅走得对、走得通，而且也一定能够走得稳、走得好。

党的二十大擘画了全面建设社会主义现代化国家、以中国式现代化全面推进中华民族伟大复兴的宏伟蓝图，吹响了奋进新征程的时代号角。概括提出并深入阐述中国式现代化理论，是党的二十大的一个重大理论创新，是科学社会主义的最新重大成果。让我们一起学习《中国式现代化初中生学习六课》，一起探究"中国式现代化"，深入理解"中国式现代化"，更加坚定中国特色社会主义道路自信、理论自信、制度自信、文化自信，共同奔赴中国式现代化这一充满光荣与梦想的远征。

少年智则国智，少年富则国富，少年强则国强，少年进步则国进步。历史长河波澜壮阔，一代又一代人接续奋斗创造了今天的中国。生长在伟大时代的少年是幸福的一代，也是肩负重任的一代。今天做新时代好少年，明天做祖国的建设者，美好的生活属于你们，美丽的中国梦属于你们。

目　录

1 第一课
中国式现代化是中国共产党领导的社会主义现代化

　　同学们，我们如何理解中国式现代化呢？具有5000多年文明的中华民族进入近代以来，在经济、政治、军事、科技等多方面落后于西方，实现现代化是近代以来中国人民矢志奋斗的梦想。中国共产党一百多年团结带领中国人民追求民族复兴的历史，也是一部不断探索现代化道路的历史。经过数代人不懈努力，我们走出了中国式现代化道路。党的二十大报告提出，中国式现代化，是中国共产党领导的社会主义现代化，既有各国现代化的共同特征，更有基于自己国情的中国特色。学习本课内容，让我们来共同探究、理解中国式现代化。

一、中国式现代化是人口规模巨大的现代化

　　同学们，我国14亿多人口整体实现社会主义现代化，这是多么不容易的事情！所以，人口规模巨

大是中国式现代化的显著特征。

1. 中国式现代化将彻底改写世界现代化版图

当今世界一共有 200 多个国家和地区，主要分布在地球的六大洲上，但实现现代化的国家和地区不超过 30 个、总人口不超过 10 亿人。我国在 14 亿多人口规模的基础上实现现代化，将使世界上迈入现代化的人口翻一番多。这在人类历史上是一件十分了不起的大事。

中国式现代化，致力于实现人的全面发展、社会全面进步。新中国成立之初，全国 80% 的人口是文盲，人均预期寿命只有 35 岁，社会保障几乎为空白。而今，中国高等教育毛入学率达到 59.6%，人均预期寿命达到了 77.93 岁，建成了世界上规模最大的社会保障体系。

2. 必须立足国情走自己的路

目前已经实现现代化的国家中，没有一个人口比我国多的，与它们相比，我国是名副其实的"大个子"。我国全体人民整体迈进现代化社会，没有现成模式可遵循、没有成熟经验可借鉴、没有任何外部力量可依赖，必须始终从中国国情出发想问题、作决策、办事情，既不好高骛远，也不因循守旧。要坚持把国家和民族发展放在自己力量的基点上，把中国发展进步的命运牢牢掌握在自己手中。

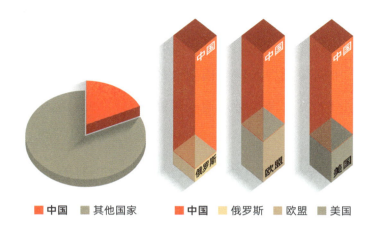

人多、不发达，这是中国的两大国情。中国有14亿多人口，不管多么小的问题，只要乘以14亿多，就会成为很大的问题；不管多么可观的财力物力，只要除以14亿多，那就成为很低的人均水平。

拿自然资源来说，中国素以地大物博、资源丰富著称于世，但人口众多"吃掉了"地大物博相当的份额。中国常常是资源总量名列前茅，人均数量名落孙山，由资源大国变成资源小国。比如淡水这个生命要素，中国总量居世界第五位，而人均仅为世界的1/4，是美国的1/5、印尼的1/7、加拿大的1/50；再如我国已探明的矿产资源总量较大，约占世界的12%，仅次于美国、俄罗斯，居世界第三位，但人均只有世界人均占有量的58%，居世界第53位。

人是生产者，也是消费者，更多的人口，意味着需要更多食物、更多能源、更多就业和受教育机会、更多社会保障。

中国要实现人口规模巨大的现代化，在人类历史上没有先例可循，必须走一条属于自己的道路。

二、中国式现代化是全体人民共同富裕的现代化

同学们，你们知道我国古代历史上一共有多少个朝代吗？每个朝代又是怎么灭亡的？历史上，我国从夏朝到清朝一共有20多个朝代，这些朝代多数都是农民起义推翻的。为什么农民会起义呢？因为占人口绝大多数的农民太穷了，活不下去了，他们在起义时提出了"均贫富"的要求。

共同富裕是中华民族自古以来的社会理想，也是中国共产党矢志不渝的奋斗目标。历经百年奋斗，中国共产党带领全国各族人民取得了全面建成小康社会的伟大胜利，历史性地解决了困扰中华民族几千年的绝对贫困问题，为新时代扎实推进共同富裕奠定了良好基础。

1. 脚踏实地、久久为功，扎实推进共同富裕

中国式现代化坚持把实现人民对美好生活的向往作为现代化建设的出发点和落脚点，着力维护和促进社会公平正义，着力促进全体人民共同富裕，坚决防止两极分化。

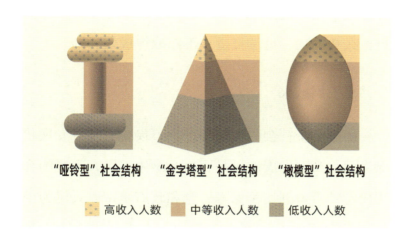

"哑铃型"社会结构　　"金字塔型"社会结构　　"橄榄型"社会结构

■ 高收入人数　　■ 中等收入人数　　■ 低收入人数

中国式现代化坚持以人民为中心的发展思想，在高质量发展中促进共同富裕，正确处理效率与公平的关系，通过完善初次分配、再分配、三次分配协调配套的制度体系，加大税收、社保、转移支付等调节力度，增加低收入群体收入，合理调节高收入，形成中间大、两头小的"橄榄型"分配结构，促进社会公平正义，促进人的全面发展，使全体人民朝着共同富裕目标扎实迈进。

中国特色社会主义制度的本质决定了我们不能接受两极分化的局面。我们要让全体人民都过上好日子，都有机会凭自己的能力参与现代化进程，凭自己的贡献分享国家发展的成果，不能把哪个群体甩出去不管。当然，共同富裕不是平均主义，更不是劫富济贫。实现共同富裕是一个在动态中向前发展的长期过程，不可能一蹴而就，必须坚持尽力而为、量力而行，久久为功、持续推进，不断取得成效。

2. 共享发展成果

衡量一个社会的文明程度，不仅要看经济发展状况，而且要看发展成果是否惠及全体人民，人民的合法权益是否得到切实保障。党和政府坚持以人民为中心的发展思想，强调人人参与、人人尽力、人人享有，努力使全体人民在学有所教、劳有所得、病有所医、老有所养、住有所居、弱有所扶上持续取得进展，引领全体人民携手迈入全面小康社会，朝着共同富裕方向稳步前进。

党和政府聚焦人民群众最关心最直接最现实的利益问题，不断满足人民群众日益增长的美好生活需要，使人民群众获得感、幸福感、安全感更加充实、更有保障、更可持续。

下姜村的共富答卷

"千家万户都好，国家才能好，民族才能好。"共同富裕，是社会主义的本质要求、中国式现代化的本质特征。

浙江淳安县枫树岭镇下姜村，过去因穷出名。从淳安县城出发，60多公里"搓板路"，半小时轮渡，再绕100多个盘山道，才能到下姜村。当地顺口溜："土墙房、半年粮，有女莫嫁下姜郎。"近年来，下姜村坚持生态优先、绿色发展，依托红色旅游资源，形成以乡村旅游产业为支柱，规模效益农业为补充的生态产业集群，探索出了一条可持续和可复制的乡村振兴之路。如今的下姜村已由"脏乱差"变成"绿富美"。

在推进乡村振兴过程中，下姜村坚持"先富帮后富"的传统，村干部、相对富裕的村民固定联系相对贫困的村民，帮助他们致富。富了的下姜村还启动"强村帮弱村"计划，建立大下姜乡村振兴联合体，带动周边村镇共享发展成果。新征程上，以下姜村为代表，中国乡村的共富画卷正在徐徐展开。

三、中国式现代化是物质文明和精神文明相协调的现代化

同学们，我们向前走路靠两条腿，国家的发展进步也靠两条腿，就是物质文明和精神文明这两条腿。如果一条腿长一条腿短，或者缺少一条腿，都难以健

步前行。所以，既要物质富足，也要精神富有，是中国式现代化的崇高追求。文明是现代化国家的显著标志，物质文明与精神文明是人类认识世界、改造世界全部成果的总括和结晶。

1. 物质文明与精神文明如鸟之双翼、车之两轮，必须协调发展

物质文明与精神文明还可以比喻为鸟之双翼、车之两轮。无论是双翼，还是两轮，都要像人的两条腿一样协调。物质富足、精神富有是社会主义现代化的根本要求。物质贫困不是社会主义，精神贫乏也不是社会主义。

实现中国梦，是物质文明和精神文明均衡发展、相互促进的结果。物质文明为精神文明的发展提供物质条件和实践经验，精神文明又为物质文明的发展提供精神动力和智力支持，二者不可偏废。

当前国际竞争的实质是以经济和科技实力为基础的综合国力的较量。坚持以经济建设为中心，大力发展社会生产力，不断厚植现代化的物质基础，才能增强综合国力，在激烈的国际竞争中处于主动地位。

国家强盛、民族复兴需要物质文明的积累，更需要精神文明的升华。没有人的思想道德素质不断提

高，没有科技教育的持续发展，现代市场经济所要求的那种平等竞争、讲信誉、讲质量、讲效率的观念与氛围就难以形成。

只有物质文明建设和精神文明建设都搞好，国家物质力量和精神力量都增强，全国各族人民物质生活和精神生活都改善，中国特色社会主义事业才能顺利向前推进。

2.促进物的全面丰富和人的全面发展

当高楼大厦在我国大地上遍地林立时，中华民族精神的大厦也应该巍然耸立。在推进中国式现代化进程中，我们注重提升人民群众的精神风貌，坚持物质文明和精神文明一起抓，用中国特色社会主义文化、社会主义思想道德牢牢占领思想文化阵地。

◄ 探究与分享

2022年8月1日，贵州省"美丽乡村"篮球联赛黔东南州半决赛在台江县台盘乡台盘村举行，前来观赛的观众爆满，气氛热烈。

没有电子屏幕，没有商业广告，没有赛前造势和新闻发布，仅一块村委会门口红绿配色作底的篮球场；场内球员不停地奔跑、传球、上篮，场外人头攒动，欢呼呐喊……一场看上去并不专业也不高端的乡村篮球比赛，却极具感染力。

这是贵州省黔东南州台盘乡一年一度的乡村篮球赛。这场在台盘村举行的篮球赛，经由短视频传播而火爆全网，网友们称之为"村BA"。而后，这个"网红球场"迎来重磅赛事——贵州省"美丽乡村"篮球联赛黔东南州半决赛和决赛。在最后的总决赛上，仅一个直播间里就有超百万网友观看。

在这场乡村篮球赛中，球场是村里自建的，参赛球员全部是本地村民；一些村民从家里带来铁锅、铁盆等为场上的球员加油助威，篮球入筐时，四处传来铁器撞击的助阵声响；独具特色的苗族歌舞承担了"篮球宝贝"的功能；还有黄平黄牛、榕江塔石香羊、从江小香猪、榕江西瓜等获胜奖品，以及解说员在普通话、贵州话和苗语之间不断切换……"村BA"具有浓郁的乡土特色。

★ 请结合上述事例，谈谈你如何理解"促进物的全面丰富和人的全面发展"。

推进中国式现代化，必须全面推进乡村振兴。乡村振兴既要富口袋也要富脑袋。要以社会主义核心价值观为引领，加强农村思想道德建设和公共文化服务体系建设，培育挖掘乡土文化人才，培育文明乡风、良好家风、淳朴民风，为乡村振兴注入强大精神力量。

四、中国式现代化是人与自然和谐共生的现代化

30多年前，浙江省湖州市安吉县余村村民以卖竹子、采矿为生。但村庄富了，山却秃了，河流也枯了。2005年8月，时任浙江省委书记习近平在余村考察时提出"绿水青山就是金山银山"，为余村从靠山吃山转向养山富山指明方向。2020年3月，习近平总书记再次来到余村，看到余村变成了青山叠翠、游人如织的美丽乡村，他说，绿色发展的路子是正确的，路子选对了就要坚持走下去。

1.人与自然是生命共同体

大自然是人类赖以生存发展的基本条件。生态环境没有替代品，用之不觉，失之难存。当人类合理利用、友好保护自然时，自然的回报常常是慷慨的；当人类无序开发、粗暴掠夺自然时，自然的惩罚必然是无情的。

● ● ● ● **情景剧** ···

旁白：随着工业的迅猛发展和人类生活水平的不断提高，地球面临的环境污染越来越严重。我们一起看看下面几个生

活场景。

情景一：在大街上
    路人甲一边走一边说（在讲台前）："现在的污染真是越来越严重了，才4月份就已经这么热了（假装抬头看太阳）。"说着，喝完最后一口饮料，随手一扔，走了（退场）。

情景二：在某工厂的总经理室
    秘书递给经理一张纸，说："经理，这是这个月处理污水的账单。"经理看了看说："70万，真是的，处理污水要花这么多钱，干脆直接排到海里去吧！"
    秘书（小声慢慢地）说："这样不太好吧！"经理（站起来）说："这有什么关系，人不知鬼不觉，你这么胆小，将来怎么接替我的工作！"（退场）秘书："唉！"（退场）

★ 请对剧中人物进行评析。

    人类在谋求生存和发展的同时，必须遵守自然规律，不能超越生态环境的承载能力，要以人与自然和谐共生为目标，实现可持续发展。我们要尊重自然、顺应自然、保护自然，大力倡导节能、环保、低碳、文明的绿色生产生活方式，让绿色发展的理念渗透到人们日常生活的细节中，成为每个人的自觉行动。

绿色生活"5R"原则

节约资源，减少污染（Reduce）：如节水、节纸、节能、节电、多用节能灯，外出时尽量骑自行车或乘公共汽车等；

绿色消费，环保选购（Reevaluate）：如选择低污染低消耗的绿色产品，以扶植绿色市场，支持发展绿色技术；

重复使用，多次利用（Reuse）：如尽量自备购物包，自备餐具，尽量少用一次性用品；

分类回收，循环再生（Recycle）：如实行垃圾分类，循环回收，在生活中尽量地分类回收可重新利用的资源；

保护自然，万物共存（Rescue）：如救助濒危物种，拒绝食用和使用野生动物及制品，制止偷猎和买卖野生动物的行为。

拓展活动：连一连

2月2日	中国植树节
3月12日	国际湿地日
3月22日	世界地球日
4月22日	世界环境日
6月5日	世界水日
6月25日	世界人口日
7月11日	全国土地日

2.像保护眼睛一样保护自然和生态环境

家有梧桐树，自有凤凰来。良好生态环境是最公平的公共产品，是最普惠的民生福祉。我们要像保护眼睛一样保护自然和生态环境，努力建设天蓝、地绿、水清的美丽中国，实现中华民族永续发展。

📰 资料卡片

生态兴则文明兴

生态兴则文明兴，生态衰则文明衰。生态环境是人类生存和发展的根基，生态环境变化直接影响文明兴衰演替。古代埃及、古代巴比伦、古代印度、古代中国四大文明古国均发源于森林茂密、水量丰沛、田野肥沃的地区。奔腾不息的长江、黄河是中华民族的摇篮，哺育了灿烂的中华文明。而生态环境衰退特别是严重的土地荒漠化则导致古代埃及、古代巴比伦衰落。我国古代一些地区也有过惨痛教训。古代一度辉煌的楼兰文明已被埋藏在万顷流沙之下，那里曾经是一块水草丰美之地。河西走廊、黄土高原都曾经水丰草茂，由于毁林开荒、乱砍滥伐，生态环境遭到严重破坏，加剧了经济衰落。唐代中叶以来，我国经济中心逐步向东、向南转移，很大程度上同西部地区生态环境变迁有关。

2011 年至 2020 年是有气象记录以来最暖的 10 年，全球约 100 万种动植物物种受到灭绝威胁。

我们绝不走发达国家先污染后治理的老路。为了实现我国经济和社会的持续发展，为了中华民族的子孙后代始终拥有生存和发展的良好条件，我们一定要按照可持续发展的要求，正确处理经济发展同人口资源环境的关系，促进人与自然和谐共生，努力开创生产发展、生活富裕、生态良好的文明发展道路。

★ 请想一想，为了保护生态环境，我们能够做什么。

五、中国式现代化是走和平发展道路的现代化

同学们，北京天安门城楼上有两句标语，一句是"中华人民共和国万岁"，另一句是"世界人民大团结万岁"，昭示着党领导人民推进中国式现代化立志于中华民族千秋伟业，致力于人类和平与发展崇高事业。世界好，中国才能好；中国好，世界才更好。走和平发展道路是中国式现代化的突出特征。

1.中国式现代化坚持和平发展

中华文明历来崇尚"以和邦国""和而不同""以

和为贵"。和平、和睦、和谐是中华民族 5000 多年来一直追求和传承的理念，中华民族的血液中没有侵略他人、称王称霸的基因。历史上一些国家通过战争、殖民、掠夺等方式实现现代化，那种损人利己、充满血腥罪恶的老路给广大发展中国家人民带来深重苦难。中国坚定站在历史正确的一边，站在人类文明进步的一边，高举和平、发展、合作、共赢旗帜，在坚定维护世界和平与发展中谋求自身发展，又以自身发展更好维护世界和平与发展。

2. 促进世界和平与发展，推动构建人类命运共同体

人类面临许多共同挑战，需要解决许多全球性问题。例如，世界经济增长动能不足，贫富分化日益严重，地区热点问题此起彼伏，重大传染性疾病肆虐，气候变化等，这些问题关系着整个人类的生存和发展。面对全球性的挑战，没有哪个国家可以置身事外，独善其身。采取共同行动，承担共同责任，打造人类命运共同体，应成为各国解决全球性问题的必然选择。

建设更加美好世界的中国方案

当前，世界之变、时代之变、历史之变正以前所未有的方式展开。一方面，和平、发展、合作、共赢的历史潮流不可阻挡，另一方面，恃强凌弱、巧取豪夺、零和博弈等霸权霸道霸凌行径危害深重，人类社会面临前所未有的挑战。世界又一次站在历史的十字路口，何去何从取决于各国人民的抉择。

"人类命运共同体，顾名思义，就是每个民族、每个国家的前途命运都紧紧联系在一起，应该风雨同舟，荣辱与共，努力把我们生于斯、长于斯的这个星球建成一个和睦的大家庭，把世界各国人民对美好生活的向往变成现实。"这一理念是对"人类社会向何处去"这一时代命题的深邃思考，是对建设一个更加美好世界给出的中国方案。人类命运共同体理念持续深入人心，先后写入《中国共产党章程》《中华人民共和国宪法》，也陆续写入联合国、上海合作组织等国际组织重要文件，深远影响着中国和世界的发展。

未来中国将秉持共商共建共享的全球治理观，继续推动国际秩序和全球治理体系朝着更加公正合理的方向发展，为建设持久和平、普遍安全、共同繁荣、开放包容、清洁美丽的世界作出更大的贡献。

2 第二课
中国共产党领导人民长期探索和实践的重大成果

　　中华民族的昨天，可以说是"雄关漫道真如铁"，近代以后遭受的苦难之重、付出的牺牲之大，举世罕见。从洋务运动的"师夷长技以制夷"，到戊戌变法的"改良图强"，再到辛亥革命的"资产阶级共和国""振兴实业"方案……无数仁人志士不屈不挠，苦苦寻求中国现代化之路，但都没有成功。探索中国现代化道路的重任，历史地落在了中国共产党身上。中华民族的今天，可以说是"人间正道是沧桑"，党领导人民成功走出中国式现代化道路。中华民族的明天，可以说是"长风破浪会有时"。为什么说中国式现代化是中国共产党领导人民长期探索和实践的重大成果？学习本课内容，让我们一起加深理解。

一、探索中国现代化道路的重任，历史地落在了中国共产党身上

鲁迅先生曾说，中华民族自古以来就有埋头苦干的人，有拼命硬干的人，有为民请命的人，有舍身求法的人——他们是中国的脊梁。他们或许像流星划过夜空，但永远留在人民的心中。尹玉峰、郝清玉等革命先烈就是这样的英雄人物。

尹玉峰和郝清玉都是河北省正定县人。郝清玉14 岁受到进步思潮的影响，20 岁加入共产党。1924年与尹玉峰等同志一起，筹建正定县党的组织。1925年夏，英、日帝国主义在上海制造了"五卅惨案"，尹玉峰、郝清玉等同志领导成立了"正定各界沪案后援会"，动员正定人民节衣缩食，援助上海被害工人家属，并领导群众集会、学生罢课，在正定掀起了反帝风暴。

1928 年，尹玉峰同志积劳成疾不幸逝世，年仅25 岁。郝清玉同志在对敌斗争中迅速成长，成为我党北方农民运动的一位杰出的组织者和领导者。1931年，由于叛徒出卖，在天津被捕，1935 年牺牲，年仅31 岁。

像尹玉峰、郝清玉烈士这样的英雄人物还有很多很多……了解历史才能看得远，理解历史才能走得远。一百多年来，中国共产党团结带领中国人民，以"为有牺牲多壮志，敢教日月换新天"的大无畏气概，书写了中华民族几千年历史上最恢宏的史诗。

今天，我们比历史上任何时期都更接近、更有信心和能力实现中华民族伟大复兴的宏伟目标。

1.新民主主义革命时期，为实现现代化创造了根本社会条件

在新民主主义革命时期，中国共产党团结带领中国人民，推翻帝国主义、封建主义、官僚资本主义三座大山，完成新民主主义革命，建立中华人民共和国，彻底结束了旧中国半殖民地半封建社会的历史，彻底废除了列强强加给中国的不平等条约和在中国的一切特权，实现了民族独立、人民解放，为实现现代化创造了根本社会条件。

探究与分享

党领导人民浴血奋战、百折不挠，创造了新民主主义革命的伟大成就，实现了民族独立、人民解放，彻底结束了旧中国半殖

民地半封建社会的历史，彻底结束了极少数剥削者统治广大劳动人民的历史，彻底结束了旧中国一盘散沙的局面，彻底废除了列强强加给中国的不平等条约和帝国主义在中国的一切特权，实现了中国从几千年封建专制政治向人民民主的伟大飞跃。

★ 结合材料说一说新民主主义革命有什么意义？

资料卡片

近代以来，帝国主义国家通过侵略手段，迫使旧中国政府签订了一系列不平等条约，在中国攫取了许多特权，主要有驻军权、自由经营权、内河航行权、海关管理权和司法权等。而清政府签订的不平等条约，民国政府仍然承认。比如《辛丑条约》规定庚子赔款分39年还清，清政府垮台后，民国政府继续支付庚子赔款，直到1939年民国政府财政部才宣布停止支付。

帝国主义在中国拥有的海关管理权、驻军权和内河航行权，对中国主权的损害最大，是中国沦为半殖民地的象征。中华人民共和国的成立，维护了国家的独立、主权和经济利益，彻底结束了鸦片战争以来我国主权被外国肆意践踏、外国人在中华大地上耀武扬威的百年屈辱史。

2. 社会主义革命和建设，为现代化建设提供了宝贵经验、理论准备、物质基础

同学们，1949年10月1日，在开国大典上，有一位伟人看到"万国牌"武器而神情凝重，你知道

这位伟人是谁吗？他是伟大领袖毛泽东。因为那时，我们能造什么？能够造桌子椅子，能造茶碗茶壶，能种粮食，还能磨成面粉，但是，一辆汽车、一架飞机、一辆坦克、一辆拖拉机都不能造。新中国成立之初，面对的是一个一穷二白、千疮百孔的烂摊子，工业几乎等于零，粮食不够吃，恶性通货膨胀，经济十分混乱。

新中国成立后，我们党团结带领人民进行社会主义革命，消灭在中国延续几千年的封建制度，确立社会主义基本制度，实现了中华民族有史以来最为广泛而深刻的社会变革，建立起独立的比较完整的工业体系和国民经济体系。

社会主义建设时期，虽然经历过挫折和失误，但取得的成就是巨大的、主要的。我国初步形成门类比较齐全的工业体系，兴建了一批新兴的工业部门，我国的电子工业、石油化学工业、原子能工业等，大多是在这个时期打下基础的。中国不仅已经能够自行设计和批量生产汽车、飞机、坦克、拖拉机等，而且成功地爆炸了原子弹、氢弹，试制并成功发射了中远程导弹和人造卫星。这些进展，使全世界为之震惊。同时，我们还通过兴修水利、开展农田基本建设、培育推广良种、提倡科学种田，较大幅度地提高了粮食生产水平和抵御自然灾害的能力。

抗美援朝战争打败了武装到牙齿的敌人，打破了美帝国主义不可战胜的神话，极大地激发了中国人民的民族自豪感和自信心，从根本上改变了旧中国在世界上留下的软弱可欺形象，极大地提高了新中国的国际威望，也为我国开展大规模的经济建设赢得了一个相对稳定的和平环境。到 1976 年，同中国建交的国家已经有 113 个，西方对中国封锁禁运的局面开始被突破。这些都为后来中国逐步实行对外开放政策创造了有利条件。

社会主义革命和建设史是一部筚路蓝缕、奠基立业的艰苦创业史，也是一部艰难曲折、历经坎坷的探索实践史，它为现代化建设提供了制度前提、思想保证、物质基础、理论准备和外部环境，是中国特色社会主义形成的历史和逻辑起点。

3. 改革开放和社会主义现代化建设新时期，为中国式现代化提供了充满新的活力的体制保证和快速发展的物质条件

同学们，1979 年 4 月，有一位伟人在中国的南海边画了一个圈，你知道这位伟人是谁吗？是邓小平同志，他揭开了中国改革开放和社会主义建设新时期的伟大序幕。党的十一届三中全会后，我国把党和

国家工作中心转移到经济建设上来，大力推行改革开放，逐步建立社会主义市场经济体制，实现了从生产力相对落后的状况到经济总量跃居世界第二的历史性突破，实现了人民生活从温饱不足到总体小康、奔向全面小康的历史性跨越，为中国式现代化提供了充满新的活力的体制保证和快速发展的物质条件。

资料卡片

深刻变革激发活力创造力

1个小时能干什么？

对53岁的山西农民谢明生而言，40年前只有13岁的他靠双手和镰刀1个小时能割1小垄麦子，即使"快手"的父亲一天也割不完一亩。如今，他指挥两台收割机1小时能收完20亩小麦。

"小时候最不想干的就是夏天割麦子，太阳晒得脸脱皮，麦芒刺得浑身痒。"谢明生说，1992年村里开始出现拖拉机等现代农机，割麦子的时间越来越短。"很难想象，以前我们一家6口要干半个月的活，现在只要1小时。"

当中华大地上农业巨变刷新着人们的想象力，疾驰的改革开放列车也在改变世界对中国经济的认知。

1个小时，在1978年中国能创造的国内生产总值仅为4100多万元，到2017年增至94亿元。近230倍的跃升背后，是40年来中国经济凭借年均9.5%的增速，总量从不足3700亿元到82.7万亿元的历史跨越。

1 个小时，根据 2017 年统计数据计算，中国生产出了大约
1.4 亿斤粮食，新登记企业近 700 户，1542 个城镇居民走上工作
岗位，移动支付约 230 亿元，收发快递近 460 万件，交易了超
过 30 亿元贸易额……

1 小时里的中国变迁，折射出一个东方大国的历史性跨越。

从计划经济到社会主义市场经济，从封闭半封闭
到全方位对外开放，改革开放释放出巨大的制度活力
和生命力。中国人民坚持聚精会神搞建设，坚持改革
开放不动摇，推动中国发生了翻天覆地的变化。

探究与分享

中国改革开放包含了对内改革和对外开放，其中对内改革
包括对基本经济制度改革、财政制度改革以及政府管理体制改
革等，是经济长期发展的根本；对外开放则通过扩大市场、学习
交流、引进外资等途径进一步加快了中国内部改革，并发挥了
中国的比较优势，促进了全方位快速追赶提高。

40 多年的不断探索，40 多年的努力奋斗，我们国家、我们
的党、我们的人民都发生了巨大的变化。中国经济快速增长，
展现出旺盛的生命力，文化繁荣发展，人民生活不断改善，社
会建设成效显著，国际影响力日益提升。

★ 请从综合国力、人民生活、国际影响力等方面说明改革
开放以来我国取得的伟大成就。

二、党的十八大以来，我们党成功推进和拓展了中国式现代化

大道之行，壮阔无垠。在新中国成立特别是改革开放以来长期探索和实践基础上，我们党在认识上不断深入、在战略上不断成熟、在实践上不断丰富，为中国式现代化提供了更为完善的制度保证、更为坚实的物质基础、更为主动的精神力量。

1. 在认识上不断深化

人类历史上没有一个民族、一个国家可以通过依赖外部力量、照搬外国模式、跟在他人后面亦步亦趋地实现强大和振兴。新时代，我们党勇于进行理论探索和创新，取得重大理论创新成果，实现了马克思主义中国化时代化新的飞跃，集中体现为习近平新时代中国特色社会主义思想，为中国式现代化提供了根本遵循。我们进一步深化对中国式现代化的内涵和本质的认识，概括形成中国式现代化的中国特色、本质要求和重大原则，初步构建中国式现代化的理论体系，使中国式现代化更加清晰、更加科学、更加可感可行。

2. 在战略上不断完善

党的十八大以来，我们在战略上不断完善，作出到本世纪中叶把我国建成富强民主文明和谐美丽的社会主义现代化强国"两步走"战略安排，深入实施科教兴国战略、人才强国战略、乡村振兴战略等一系列重大战略，为中国式现代化提供坚实战略支撑。

📰 资料卡片

乡村振兴战略的总目标是农业农村现代化

一、乡村振兴是包括产业振兴、人才振兴、文化振兴、生态振兴、组织振兴的全面振兴，是"五位一体"总体布局、"四个全面"战略布局在"三农"工作中的体现。

二、乡村振兴的总方针：坚持农业农村优先发展。

三、乡村振兴的总要求：产业兴旺、生态宜居、乡风文明、治理有效、生活富裕。

四、实施乡村振兴战略"三步走"时间表：到2020年，乡村振兴取得重要进展，制度框架和政策体系基本形成。到2035年，乡村振兴取得决定性进展，农业农村现代化基本实现。到2050年，乡村全面振兴，农业强、农村美、农民富全面实现。

3. 在实践上不断丰富

一百多年前，孙中山先生在《建国方略》中绘就了中国现代化的第一份蓝图：建设 160 万公里公路、约 16 万公里铁路、3 个世界级大海港、三峡大坝……如今，铁路进青藏、公路密成网、高峡出平湖、港口连五洲、"天和"驻太空、"祝融"探火星……一大批分布在高端装备、战略性新兴产业、信息化等方面的重大工程惊艳全球，中国在多个领域创造了许多"世界最长""世界最快"等世界之最，中国的现代化程度已远超孙中山先生当初的设想。

新时代，我们推进一系列变革性实践，推动党和国家事业取得历史性成就、发生历史性变革。我们如期全面建成小康社会、打赢脱贫攻坚战，使中华民族伟大复兴向前迈出新的一大步，实现了从大幅落后于时代到大踏步赶上时代的新跨越。

📰 **资料卡片**

虽然有苦，还是甜多

2021 年 2 月 25 日，我国脱贫攻坚战取得了全面胜利，现行标准下 9899 万农村贫困人口全部脱贫，832 个贫困县全部摘帽，

12.8万个贫困村全部出列，区域性整体贫困得到解决，完成了消除绝对贫困的艰巨任务，创造了又一个彪炳史册的人间奇迹！

　　时代造就英雄，伟大来自平凡。在脱贫攻坚工作中，数百万扶贫干部倾力奉献、苦干实干，同贫困群众想在一起、过在一起、干在一起，将最美的年华无私奉献给了脱贫事业，涌现出许多感人肺腑的先进事迹。35年坚守太行山的"新愚公"李保国，献身教育扶贫、点燃大山女孩希望的张桂梅，用实干兑现"水过不去、拿命来铺"誓言的黄大发，回乡奉献、谱写新时代青春之歌的黄文秀，扎根脱贫一线、鞠躬尽瘁的黄诗燕等同志，以及这次受到表彰的先进个人和先进集体，就是他们中的杰出代表。他们有的说："脱贫攻坚路上有千千万万的人，我真的就是其中一个小小的石子。其实走到最后，走到今天，虽然有苦，还是甜多。"有的说："不为钱来，不为利往，农民才能信你，才能听你。"有的说："把论文写在大地上，真正来地里面写，那才叫真本事。"

　　今天，强国建设、民族复兴的接力棒，历史地落在我们这一代人身上。加快推进中国式现代化建设，团结奋斗，开拓创新，在新征程上作出无负时代、无负历史、无负人民的业绩，为推进强国建设、民族复兴作出我们这一代人的应有贡献！

3 第三课
一种全新的人类文明形态

中国式现代化，深深植根于中华优秀传统文化，体现了科学社会主义的先进本质，借鉴吸收了一切人类优秀文明成果，代表人类文明进步的发展方向，展现了不同于西方现代化模式的新图景，是一种全新的人类文明形态。为什么中国式现代化是一种全新的人类文明形态？学习本课内容，让我们加深对这个问题的理解。

一、深深植根于中华优秀传统文化

2022 年元旦，国家航天局发布"天问一号"探测器从遥远火星传回的一组精美图像，向全国人民报告平安。图像包含环绕器与火星合影、环绕器局部特写、火星北极冰盖、"祝融号"火星车拍摄火星表面地貌等内容，展示环绕器、"祝融号"火星车工作状态及获取的火星表面形态等。

中国行星探测任务被命名为"天问（Tianwen）系列"，名称源于屈原长诗《天问》，表达了中华民族对真理追求的坚忍与执着，体现了对自然和宇宙空间探索的文化传承，寓意探求科学真理征途漫漫，追求科技创新永无止境。

在 5000 多年文明发展史中，中国人民创造了璀璨夺目的中华文明。中国式现代化赋予中华文明以现代力量，中华文明赋予中国式现代化以深厚底蕴。走好中国式现代化新道路，我们要不断从中华优秀传统文化中汲取营养和智慧。

1.中华优秀传统文化是中国式现代化的文化基因

历经五千年沧桑、缔造中华民族的中华文化，无疑是世界文化历史上的长河与高山。时至今日，中华文化的魅力不曾消散，从未褪色。

以文化沁润道德，这大概是中国人独有的浪漫。当我们失意失落时，可以用"长风破浪会有时，直挂云帆济沧海"来重振信心；当我们遭遇挫折时会想起"天行健，君子以自强不息"的铿锵之声；"神舟"系列载人航天飞船陆续升空，国产航母相继出港见证了我们"可上九天揽月，可下五洋捉鳖"的豪情壮志；"青山一道同云雨，明月何曾是两乡"，这是我们构建人类命运共同体的诗意表达……中华传统美德已经融入中华民族的思维方式、价值观念、行为方式和风俗习惯，成为一种文化基因。中华优秀传统文化有很多重要元素，共同塑造出中华文明的突出特性。中华文明具有突出的连续性、突出的创新性、突出的统一性、突出的包容性、突出的和平性。

2. 中华优秀传统文化为中国式现代化提供强大支撑

独立而不改，周行而不殆。中国式现代化道路，蕴藏着中华优秀传统文化的厚重底蕴：自强。"自"，就是立足自己的实际，依靠自己的力量，突出自己的特色；"强"，就是要使中国文化具有强大的吸引力影响力、强大的活力创造力、强大的实力竞争力。

中华优秀传统文化中天下为公、民为邦本的政治传统，为实现人口规模巨大的现代化提供丰富治理经验；为政以德、革故鼎新的精神追求，为实现全体人民共同富裕的现代化提供深刻思想启迪；自强不息、厚德载物的道德品质，为实现物质文明和精神文明相协调的现代化提供广泛道义资源；天人合一、道法自然的哲学思想为实现人与自然和谐共生的现代化提供充足思想智慧；讲信修睦、亲仁善邻的交往之道，为实现走和平发展道路的现代化提供坚强文化保证。

二、体现科学社会主义的先进本质

同学们，马克思一生笔耕不辍，著作等身，写下了《共产党宣言》等影响世界的不朽著作，然而，你知道马克思与恩格斯合著的哪本书，直到马克思逝世49年、恩格斯逝世37年后才出版吗？是《德意志意识形态》一书，他们于1846年夏天完成这本书。书中第一次比较完整地、系统地阐述了辩证唯物主义的历史观和科学社会主义理论，概括指出了未来共产主义社会的基本特征。他们认为，未来社会，将消灭生产资料私有制，代之以社会共同占有生产资料；阶级将要消灭，国家将要消亡；城乡之间、脑力劳动与体力劳动之间的差别将消灭，劳动将成为自由人的真正自由的活动，每个人的才能和天资将得到充分的全面的发展。

由于这部著作强烈的革命性，当时没有一个出版商敢冒风险出版，直到这部著作完成86年后才第一次完整地出版。

青山遮不住，毕竟东流去。当20世纪即将结束、21世纪的晨曦即将照耀地球时，英国广播公司（BBC）就"谁是千年思想家"组织了一次网上投票，结果排名第一的是卡尔·马克思。

中国发展的成功实践，展示了马克思主义的真理力量，展示了中国特色社会主义的旺盛生命。中国式现代化既坚持了科学社会主义的基本原则，也体现着科学社会主义的先进本质。

1. 科学社会主义的最新重大成果

一个国家实行什么样的主义，关键要看这个主义能否解决这个国家面临的历史性课题。历史和现实都告诉我们，只有社会主义才能救中国，只有中国特色社会主义才能发展中国。坚持科学社会主义基本原则是我们成功推进和拓展中国式现代化的前提条件，党的二十大提出中国式现代化理论，是科学社会主义的最新重大成果。

2. 展示了马克思主义的强大生命力

一百多年来，中国共产党坚持把马克思主义写在自己的旗帜上，不断推进马克思主义中国化时代化，用马克思主义中国化的科学理论引领伟大实践。

新中国成立之初，我国一穷二白，连日用的煤油、火柴、铁钉都称为洋油、洋火、洋钉。经过70多年的奋斗，我国跃居世界第二大经济体，拥有世界上最完整的产业链供应链，实现了人民生活从温饱不足到总体小康、全面小康的历史性跨越。

党的十八大以来，习近平总书记提出了关于中国式现代化的一系列新理念新思想新战略，创造性回答了建设什么样的社会主义现代化强国、怎样建设社会主义现代化强国等重大时代课题。

📖 资料卡片

卡塔尔世界杯上的中国制造

卢塞尔体育场：2016 年 11 月 21 日开工，2021 年 9 月 30 日主体工程完工，中国铁建用 1774 天打造卡塔尔世界杯主场馆——卢塞尔体育场，这是中国企业首次承建的世界杯主场馆，也是中国企业在海外承建的规模最大、容纳人数最多、技术最先进的专业足球场，绿色环保、科技加持是其两大亮点。这座由中国制造的体育馆，已经骄傲地"登上"了 10 卡塔尔里亚尔纸币。

集装箱房：卡塔尔国土面积仅有 1.1 万多平方公里，是世界杯历史上国土面积最小的东道主。为了解决球迷住宿问题，卡塔尔别出心裁地利用集装箱式房屋，建立"球迷村"。中国企业共为本届卡塔尔世界杯提供了超过 1 万套集装箱式房屋，主要来自广东和浙江等地。对于中国生产的集装箱式房屋的质量，卡塔尔方面表示非常满意。

七成周边产品出自浙江义乌：从世界杯上使用的足球，到球迷们加油助威的喇叭，再到各国代表队的球衣、手里捧着的奖

三、借鉴吸收一切人类优秀文明成果

草树知春不久归，百般红紫斗芳菲。

杨花榆荚无才思，惟解漫天作雪飞。

唐代著名诗人韩愈用这首诗描写春天的花草姹紫嫣红、争奇斗艳、生机盎然的景象。自然界如此百花盛开，世界文明的百花园同样桃红柳绿，各美其美。

1. 世界文明是多样的

人类只有肤色语言之别，文明只有姹紫嫣红之别，没有高低优劣之分，不同文明凝聚着不同民族的智慧和贡献。人类社会创造的各种文明闪烁着璀璨光芒，为各国现代化积蓄了厚重底蕴，赋予了鲜明特质。

一花独放不是春，百花齐放春满园。今天，世界是一个地球村，各国前途命运紧密相连，只有不同文明包容共存、交流互鉴，才能繁荣世界文明百花园。

2. 中华文明以开放包容闻名于世界

同学们，如果仔细观察一下中国地图，你会发现河北平原上大大小小 10 多条河流自北、西、南三面汇聚到海河，流入渤海，好像一把平放在地球上的大扇子。瞧，海河像扇柄，朝向西边太行山脉和北边燕山山脉的是扇面，这把扇子仿佛在给大山的肚皮扇风送爽似的。

五十六个民族构成中华民族，五十六个民族的文化也如一条条河流一样汇入悠久灿烂的中华文化大海中，就像扇形的河北平原一样。中华文化兼收并蓄，多元一体，形成了开放包容的独特气质。

《论语》开篇写道："学而时习之，不亦说乎？有朋自远方来，不亦乐乎？"中国人乐于接待来自远方的朋友，并且相信他们身上必有值得学习、借鉴的地方。从历史上的佛教东传、"西学东渐"、新文化运动、马克思主义和社会主义思想传入中国，再到改革开放以来全方位对外开放，中华文明始终在兼收并蓄中历久弥新。

马克思主义和中华优秀传统文化存在高度的契合性，把马克思主义基本原理同中国具体实际、同中华优秀传统文化相结合是必由之路，这是我们在探索中国特色社会主义道路中得出的规律性的认识，是我们取得成功的最大法宝。

探究与分享

西汉张骞两次从陆路出使西域；唐代对外通使交好的国家达70多个，来自各国的使臣、商人、留学生云集长安；15世纪初，明代著名航海家郑和七次远洋航海，到达东南亚的很多国家，远抵非洲东海岸的肯尼亚，留下了中国同沿途各国人民友好交往的佳话；明末清初中国人积极学习科技知识，欧洲的天文学、医学、数学、地理学知识纷纷传入中国，开阔了中国人的视野。当今世界，中外文明交流互鉴更是频繁展开。世界其他文明也在汲取中华文明的营养之后，变得更加丰富。

★ 以上材料说明了什么？说一说你了解到的中外文明交流互鉴的事例。

古今中外的各种人类文明，都包含着这个国家和民族在长期认识世界、改造世界的过程中所积累起来的宝贵经验，是世界各国各民族对人类作出的不可磨灭的贡献，对我们国家的发展具有积极的借鉴意义。

中国积极主动地与世界各国交往，从不同文明中寻求智慧、汲取营养，不仅有助于自身文明的发展，而且能够推动世界文明的发展，与其他文明携手解决人类共同面临的各种问题。

资料卡片

1986年，林占熺发明了菌草技术——运用菌草栽培食用菌、药用菌和生产菌物饲料、菌物肥料等综合利用的技术。这项"以草代木"发展起来的中国特有技术，有效破解了"菌林矛盾"这一世界难题，实现了经济、社会、环境三大效益统一。

20年前，菌草技术援助项目在巴布亚新几内亚落地，掀开了菌草技术国际合作的序幕。如今，"小而美、见效快、惠民生"的菌草技术已传播到全世界许多国家，帮助越来越多的发展中国家消除贫困、减少饥饿、促进就业、保护生态。

在人类社会现代化进程中，中国式现代化倡导尊重世界文明多样性，坚持文明平等、互鉴、对话，以文明交流超越文明隔阂，以文明互鉴超越文明冲突，以文明包容超越文明优越，共同建设开放包容的世界，夯实共建人类命运共同体的人文基础。

四、展现了不同于西方现代化模式的新图景

《庄子·秋水》中记载着一个故事，有一天庄子约惠子一起出去游玩，他们来到濠水桥上，看到许多鳞光闪闪的小鱼儿在水中游来游去。庄子对惠子说，"惠子，你看，好多银白色的鱼在水中自由自在地游动，它们好快乐啊！"惠子说："你不是鱼，你怎么

知道这些鱼很快乐呢？"庄子说："你又不是我，你怎么知道我不知道鱼的快乐呢？"

庄子和惠子是中国古代的大哲学家，他们为鱼是否快乐争论的时候，有一个共同点是，我们每个人都不是对方，不可能完全知道对方的喜怒哀乐，不能将自己的意志强加于人。即使父母也不可能时时刻刻完全了解孩子，不能将自己的意志强加在子女身上。

在人类现代化进程中，各国国情不同，历史起点不同，任何一个国家都不能将自己的意志强加于他国，不能自己觉得好的就以为对于别人也是好的。鞋子合不合脚，只有穿的人才知道，什么样的现代化最适合自己，本国人民最有发言权。

1.现代化是一道多选题，而不是单选题

"现代"一词发源于西方国家，是因为西方国家凭借"圈地运动"、奴隶贸易、殖民战争和率先工业化的优势实现了现代化，成为富裕起来的国家。这就给人一种"美丽的错觉"，似乎现代化就是西方化，西方文明就是现代文明。一些发展中国家盲目向西方国家"抄作业"，结果水土不服，陷入经济停滞、社会动荡的困境。其实，现代化是一个过程，是从农业

社会向工业社会、知识和信息化社会转型，将来向更先进社会转型的过程。"条条大路通罗马"，人类通向现代化的道路也不只有一条，不能搞简单的"复制粘贴"。广大发展中国家不可能向西方国家"抄作业"，不能走一些国家通过战争、殖民、掠夺等方式实现现代化的老路。

📖 **资料卡片**

贫富分化"撕裂"美国社会

美国是贫富分化最为严重的西方国家，其基尼系数早已超过国际警戒线水平。这些年来，"富者愈富、贫者愈贫"的困局不仅未能打破，反而日益恶化。新冠疫情下，美国大手笔的财政金融刺激措施带来的资产盛宴，不仅没有从根本上帮穷者纾困，反而加深了财富鸿沟。贫富分化已成为美国社会一道难以愈合的伤疤。

近几十年来，美国财富加速向富裕群体集中，而中产阶级和社会底层遭到严重挤压。一连串数据凸显这一冷峻现实。1975 年，美国收入前五分之一家庭的平均收入是后五分之一家庭的 10.3 倍，到 2020 年升至 17.4 倍。1% 的最富裕家庭占有超过 20% 的家庭总财富，这一比例还在显著增加。与之形成鲜明反差的是，美国中等收入群体持续萎缩，贫困率居高不下。生活在中等收入家庭的美国成年人占比从 1971 年的 61% 降至 2019 年的 51%。美国 2020 年贫困率达 11.4%，比 2019 年上升了 0.9 个百分点。目前仍有 3700 万人生活在贫困线以下。

2.现代化不等于西方化

西方国家将自己的民主价值观和发展模式强加给广大发展中国家，让发展中国家"抄作业"，正如庄子与惠子所争论的"你不是鱼儿，你怎么知道鱼儿快乐不快乐呢"？

中国式现代化抛弃了通过战争、殖民、掠夺等方式实现现代化的老路，走出了一条通过中国人民勤奋劳动，依靠科技创新，实现共同富裕的现代化道路，这条道路内不靠剥削、外不靠战争掠夺，与那种以资本为中心、两极分化、物质主义膨胀、对外扩张掠夺的现代化有着本质区别。

只有鱼儿才知道鱼儿自己是否快乐。中国式现代化拓展了发展中国家走向现代化的路径选择，广大发展中国家完全可以不受干扰、自主选择适合自身的发展道路。

◁ 探究与分享 - - - - - - - - - - - - - - - - - - -

中国式现代化，追求的不仅仅是"富裕"，而是"全体人民共同富裕"。改革开放40多年，中国经济快速增长，使得绝大多数地区解决了温饱问题。近十年来，经过接续奋斗，中国近一亿农村贫困人口实现脱贫，历史性地解决了绝对贫困问题，全面建成了小康社会。党的二十大报告中，又一次鲜明地提到了全面推进乡村振兴，提出要完善分配制度，实施就业优先战略，健全养老、医疗、住房等社会保障体系，以期到2035年中等收入群体比重明显提高，基本公共服务实现均等化，农村基本具备现代生活条件。中国把追求全体人民共同富裕融入到了现代化建设的过程中。

★ 对比西方现代化，中国式现代化有什么不同？

中国式现代化不是依靠殖民侵略来实现的，未来也不会走称霸扩张的道路。中国坚持对外开放，与各国共建"一带一路"，坚定支持和帮助广大发展中国家加快发展，推动构建人类命运共同体。

📰 资料卡片

为全球提供了一种全新的现代化模式

越来越多的国际舆论认为，中国式现代化是对世界现代化理论的最新发展，将创造新的现代化历史。

英国学者马丁·雅克认为，中国式现代化不仅为中国未来发展开启众多全新可能，也为世界发展提供了新理念、新思维。

美国库恩基金会主席罗伯特·库恩表示，中国式现代化蕴含着中国对实现现代化新路径的洞察力，向全人类特别是发展中国家提供了一种新的现代化模式。

"在中国共产党领导下，中国实现数亿人脱贫，创造了人类减贫奇迹，这个成绩属于中国，也属于世界""一个社会稳定和经济强劲的中国将是全世界共同的福祉""世界上人口最多的国家对现代化道路的成功探索是对人类进步事业的巨大贡献"……越来越多国际舆论认为，中国式现代化取得的成就鼓舞人心，充分表明各国都可以有适合本国的现代化。

4 第四课
中国式现代化的战略安排

　　实现中华民族伟大复兴是近代以来中华民族的夙愿。从现在起，中国共产党的中心任务就是团结带领全国各族人民全面建成社会主义现代化强国，实现第二个百年奋斗目标，以中国式现代化全面推进中华民族伟大复兴。

　　同学们，战略问题是一个政党、一个国家的根本性问题。战略上判断得准确，战略上谋划得科学，战略上赢得主动，党和人民事业才能获得成功。那么，全面建成社会主义现代化强国总的战略安排是什么呢？如何推进全面建设社会主义现代化国家开好局起好步？下面我们一起去了解。

一、全面建成社会主义现代化强国总的战略安排

　　　　多少沧桑事，艰难有此行。

　　　　穷边飞鸟尽，残月大河横。

在古人的诗句中，宁夏西海固曾经穷得连飞鸟都见不到，让人望而生畏，不敢前去。西海固地处黄土高原，山大沟深，自古就是苦穷之地，曾被联合国教科文组织定义为"人类不能生存之地"。

1996年，在党中央作出东西部结对帮扶的战略部署下，福建和宁夏建立起对口协作关系。福建选出8个经济实力较强的县市对口帮扶宁夏8个国家级贫困县。一批又一批来自福建的扶贫干部和技术人员，把资源、技术和拼搏的精神带到宁夏，为宁夏脱贫攻坚提供了不竭动力。

如今，这片荒芜的土地，变成了产业兴旺的"金沙滩"。蘑菇产业升级，葡萄种植、光伏产业、肉牛养殖等产业多点开花……曾经一无所有的戈壁滩生机勃勃。

闽宁对口扶贫是中国对口协作、先富带后富、实现共同富裕、推动共同发展的生动实践。中国共产党人始终坚信，在扶贫的路上，决不让一个少数民族、一个地区掉队，决不能落下一个贫困家庭，丢下一个贫困群众！经过不懈努力，我们已经打赢精准脱贫攻坚战，全面建成了小康社会。今天，我们正在为全面建设社会主义现代化国家而奋斗。

1."两步走"战略安排

历史性解决绝对贫困问题,如期实现全面建成小康社会目标后,中国共产党再次开启了新征程。党的二十大明确了全面建设社会主义现代化国家总的战略安排:从二〇二〇年到二〇三五年基本实现社会主义现代化;从二〇三五年到本世纪中叶把我国建成富强民主文明和谐美丽的社会主义现代化强国。

这一战略安排,明确了建成社会主义现代化强国的时间表、路线图,描绘了中华民族伟大复兴的壮丽前景,令人鼓舞、催人奋进。

这是一场历史的接力赛,同学们要踔厉奋发、勇毅前行,努力创造更加灿烂的明天!

★ 同学们，打开你的想象之门，畅想一下你心中的现代化是什么样的。

2. 到二〇三五年我国发展的总体目标

党的二十大报告围绕基本实现社会主义现代化，从八个方面明确了到二〇三五年我国发展的总体目标，提出了新的更高要求。

到二〇三五年我国发展的总体目标

★ 经济实力、科技实力、综合国力大幅跃升，人均国内生产总值迈上新的大台阶，达到中等发达国家水平；

★ 实现高水平科技自立自强，进入创新型国家前列；

★ 建成现代化经济体系，形成新发展格局，基本实现新型工业化、信息化、城镇化、农业现代化；

★ 基本实现国家治理体系和治理能力现代化，全过程人民民主

制度更加健全，基本建成法治国家、法治政府、法治社会；

★ 建成教育强国、科技强国、人才强国、文化强国、体育强国、健康中国，国家文化软实力显著增强；

★ 人民生活更加幸福美好，居民人均可支配收入再上新台阶，中等收入群体比重明显提高，基本公共服务实现均等化，农村基本具备现代生活条件，社会保持长期稳定，人的全面发展、全体人民共同富裕取得更为明显的实质性进展；

★ 广泛形成绿色生产生活方式，碳排放达峰后稳中有降，生态环境根本好转，美丽中国目标基本实现；

★ 国家安全体系和能力全面加强，基本实现国防和军队现代化。

二、推进全面建设社会主义现代化国家开好局起好步

农谚说，一年之计在于春。春天是万物生长的季节，作为农业生产的基础，做好春耕播种关系到一年的收成好坏。"政如农功，日夜思之。""十四五"时期，是我国全面建成小康社会、实现了第一个百年奋斗目标之后的第一个五年，是我国乘势而上开启全面建设社会主义现代化国家新征程、向第二个百年奋斗目标进军的第一个五年，是全面建设社会主义现代化国家开局起步的关键时期。搞好这五年的发展对于实现第二个百年奋斗目标至关重要。

党的二十大报告紧紧抓住解决发展不平衡、不充分的问题，着眼补短板、强弱项、固底板、扬优势，作出一系列战略部署，提出一系列创新举措，为分阶段推进、全面建设社会主义现代化国家打下更加坚实的基础。

1. 统筹推进"五位一体"总体布局

"五位一体"总体布局是中国特色社会主义事业的总体布局，是指统筹推进"经济建设、政治建设、文化建设、社会建设、生态文明建设"五个方面。

在经济建设方面，部署加快构建新发展格局，着力推动高质量发展。在政治建设方面，部署发展全过程人民民主，保障人民当家作主；坚持全面依法治

国，推进法治中国建设。在文化建设方面，部署推进文化自信自强，铸就社会主义文化新辉煌。在社会建设方面，部署增进民生福祉，提高人民生活品质。在生态文明建设方面，部署推动绿色发展，促进人与自然和谐共生。

2. 实施科教兴国战略，强化现代化建设人才支撑

教育、科技、人才是全面建设社会主义现代化国家的基础性、战略性支撑。党的二十大报告首次把教育、科技、人才进行统筹安排和一体部署。

●●●●情景剧

教育、科技和人才"三巨头"的对话

推进中国式现代化研讨会在武汉举行，会上教育、科技和人才"三巨头"不期而遇，"三巨头"头一次碰面兴奋不已，相互介绍后紧紧拥抱。

教育说："科技兄，科技创新能力已经成为综合国力竞争的决定性因素。我们能不能如期全面建成社会主义现代化强国，关键看科技自立自强，您责任重大啊！"

科技说："教育兄，百年大计，教育为本。教育是民族振兴、社会进步的基石，是提高国民素质、培养创新型人才、促进人的全面发展的根本途径。您是我发展的后盾啊！"

人才说："谋未来就是谋创新，我国建设创新型国家必须落

实科教兴国战略、人才强国战略，把经济建设重心转移到依靠科技进步和提高劳动者素质的轨道上来，加速实现国家的繁荣昌盛，以高质量发展推进中国式现代化！"

"三巨头"的手再次紧紧握在一起："我们是不可分离的三兄弟，我们三位一体推进科技创新，通过协同配合、系统集成，实现基础研究、核心技术、原始创新能力的战略性突破，塑造科技创新新优势，为全面建设社会主义现代化国家作出贡献。兄弟们，加油！"

3.统筹发展和安全

我国古代著名军事家孙武十分注重战争与经济的关系，他在"孙子兵法"中指出，"凡用兵之法，驰车千驷，革车千乘，带甲十万，千里馈粮。"意思是打仗要算算花多少钱财粮草车马。所以，打仗拼的是经济，安全以发展为基础，安全又为发展提供保障。必须贯彻总体国家安全观，推进国家安全体系和能力现代化，以新安全格局保障新发展格局。

推进中国式现代化，需要营造稳定的发展环境。我们要如期实现建军一百年奋斗目标，加快把人民军队建成世界一流军队，建设成为坚定维护国家主权、安全、发展利益的钢铁长城。要坚持和完善"一国两制"，促进香港、澳门长期繁荣稳定；坚持贯彻新时代党解决台湾问题的总体方略，坚定不移推进祖国统一大业。

同时，推进中国式现代化，需要营造有利于发展的国际环境。中国坚持致力于世界和平与发展，坚定不移地推动构建人类命运共同体。

资料卡片

航空报国英模——罗阳

2012年11月23日，国产歼-15舰载机"飞鲨"成功降落在中国首艘航母辽宁舰上。两天后，随辽宁舰参与舰载机起降训练的研制现场总指挥罗阳却突发疾病，因公殉职，为建设航空强国奉献了一生。罗阳被追授"改革先锋""最美奋斗者""全国优秀共产党员"等称号。

战机腾飞，英雄长辞，留下航空报国、勇攀高峰的精神航标。虽然罗阳同志牺牲了，但是他的梦想仍在延续。从罗阳手中接过接力棒的系列舰载机研制团队，是一支平均年龄35岁左右的"罗阳青年突击队"。他们不畏"急、难、险、重、新"，勇挑大梁、攻坚克难，把青春梦融入航空强国的梦想，在推动航空科技自立自强上奋勇攀登，为建设航空强国贡献青春力量，让中国战鹰高飞远航。

"为有牺牲多壮志，敢教日月换新天。"从实现民族独立，到建设社会主义，从掀起改革开放热潮，到实现全面小康，身处急难险重最前沿的，正是一代代共产党人和英雄模范逆行而上、向死而生的伟岸身躯。

4. 坚定不移全面从严治党

同学们，我国古代儒家学派的重要代表人物曾子曾经说："吾日三省吾身"，意思是，"我每天都要进行多次自我反省"。这是中华传统智慧的精华之一。中国共产党继承和发扬了中华优秀传统文化，自省、自律、自强，主动发现问题、勇于面对问题、积极改正问题。全面建设社会主义现代化国家，全面推进中华民族伟大复兴，关键在中国共产党的领导。党的二十大报告指出，必须时刻保持解决大党独有难题的清醒和坚定，强调全面从严治党永远在路上，党的自我革命永远在路上，深入推进新时代党的建设新的伟大工程，全面推进党的自我净化、自我完善、自我革新、自我提高，使我们党坚守初心使命，始终成为中国特色社会主义事业的坚强领导核心。

同学们，一个有希望的民族不能没有英雄，一个有前途的国家不能没有先锋。新时代、新征程、新伟业，期待你们能成为新长征路上的时代先锋，为推进中国式现代化贡献自己的力量。

故事编写：穿越时空的我——发生在 2050 年的故事

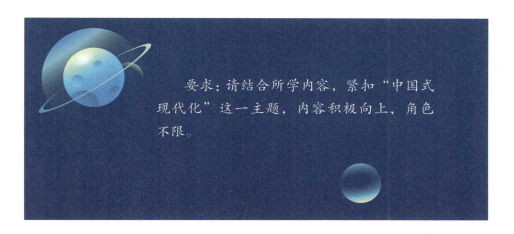

要求：请结合所学内容，紧扣"中国式现代化"这一主题，内容积极向上，角色不限。

5 第五课
推进中国式现代化的重大原则

　　同学们，中华民族的母亲河——黄河，一心向海，在曲折中奔腾咆哮着，描绘出壮美的画卷。同样，我们实现全面建成社会主义现代化强国的道路也不会一马平川。前进道路上，我们必须牢牢把握哪些重大原则，才能顺利推进中国式现代化呢？通过学习本课内容，我们一起探究。

一、坚持和加强党的全面领导

1. 中国共产党的领导决定中国式现代化的根本性质

　　"嘀嗒、嘀嗒"……

　　70多年前，一声声电波从陕北窑洞飞向大江南北，"毛主席和党中央的声音"也伴随着电波飞到各个解放战场，指挥中国人民解放军摧枯拉朽般打败国民党反动派的军队。

同学们，坚持和完善党的领导，是中国人民从迷惘走向胜利的重要密码。只要毫不动摇坚持党的领导，中国式现代化就会前景光明；反之则会偏离航向、丧失灵魂，甚至犯颠覆性错误。

2. 中国共产党的领导确保中国式现代化锚定奋斗目标行稳致远

在中国象棋中，帅坐镇中军帐，车、马、炮、士、相、卒各司其职，各展其长，有攻有守。在国家治理体系的大棋局中，党中央是坐镇中军帐的"帅"。

党政军民学，东西南北中，党是领导一切的。坚持中国共产党的领导，这是中国革命、建设、改革取得成功的宝贵经验。

新征程上，我们要坚决维护党的核心领导地位和党中央权威，坚持党的全面领导不动摇，把党的领导落实到现代化建设事业的各领域各方面各环节，确保全国人民团结一致向前进。

探究与分享

如果中国出现了各自为政、一盘散沙的局面，不仅我们确定的目标不能实现，而且必定会产生灾难性后果。1840 年鸦片战争至新中国成立的一百多年历史已经充分证明了这一点。

★ 请结合上述内容，谈谈你的感想。

3. 中国共产党的领导激发建设中国式现代化的强劲动力

改革是解放和发展社会生产力的关键，是推动国家发展的根本动力。发展出题目，改革做文章。只有不断深化改革，才能让一切劳动、知识、技术、管理和资本的活力竞相迸发，让一切创造社会财富的源泉充分涌流。

改革只有进行时，没有完成时。新征程上，我们要勇于改革创新，为中国式现代化建设注入不竭动力。

4. 中国共产党的领导凝聚建设中国式现代化的磅礴力量

中国式现代化是亿万人民共同的事业，人民是中国式现代化建设的主体。中国式现代化建设必须要坚持人民至上，坚持以人民为中心的发展思想，不断激发和强化人民的主人翁意识，让人民满怀期望和热情地投入到中国式现代化建设之中。

二、坚持中国特色社会主义道路

中国特色社会主义是党和人民历经千辛万苦、付出巨大代价取得的根本成就，是实现中华民族伟大复兴的正确道路。

1. 道路决定命运

找到一条正确的道路多么不容易！中国特色社会主义道路来之不易，它是在改革开放40多年的伟大实践中走出来的，是在新中国成立70多年的持续探索中走出来的，是在对近代以来180多年中华民族发展历程的深刻总结中走出来的，是在对中华民族5000多年悠久文明的传承中走出来的，具有深厚的历史渊源和广泛的现实基础。

坚持中国特色社会主义道路，关乎国家前途、民族命运、人民福祉。新征程上，我们要坚持道不变、志不改，坚定不移走中国特色社会主义道路，一步一步把中华民族伟大复兴的宏伟蓝图变为现实。

2. 把发展进步的命运牢牢掌握在自己手中

《庄子·秋水》中有这样一个故事：从前，有一个燕国人，嫌当地人走路姿势不好看，决定到赵国国都邯郸去学走路。一进邯郸城，他就觉得路上走路的行人姿势十分优雅，很有特点，他就跟在行人后面一扭一摆地学起来。

学了几天，不见进步。他想，一定是我走路的习惯太顽固了，只有把原来的走法彻底忘掉，才可能学到新的步法。于是，他抬腿、跨步、摆手、扭腰，都机械地模仿邯郸人的样子。就这样，过了一段时间，新的走法没有学会，原来的走法倒全忘了。当他返回燕国时，只好爬回去。

中国在探索现代化的道路上，也曾经向西方学习过、尝试过，但都没有走通。西方列强"老师"不仅不帮我们，还经常欺负我们、抢劫我们的财富和土地。实践证明，只有中国特色社会主义道路才能引领中国进步、增进人民福祉、实现民族复兴。这条道路我们看准了、认定了，必须坚定不移走下去。要把国家和民族发展放在自己力量的基点上，把国家发展进步的命运牢牢掌握在自己手中，走独立自主的发展道路，千万不要"邯郸学步"。

★ 联系生活实际，谈谈"邯郸学步"的故事对我们有哪些启示。

资料卡片

走自己的路，是党的全部理论和实践立足点

2022 年 9 月 30 日，C919 大型客机项目成果在北京展出，这是我国 C919 大型客机研制任务取得的阶段性成就。从我国自主研制的"运十"飞机立项，到如今自主研制的大型客机翱翔蓝天，中国人的"大飞机梦"历经了半个世纪。这一历程生动注解着："中国要发展，最终要靠自己。"人类历史上没有一个民族、一个国家可以通过依赖外部力量、照搬外国模式、跟在他人后面亦步亦趋实现强盛和振兴。

中国有 960 多万平方公里土地、56 个民族，我们能照谁的模式办？谁又能指手画脚告诉我们该怎么办？不论过去、现在和将来，我们都要坚持独立自主开拓前进道路，坚持民族自尊心和自信心，坚定不移走自己的路。

三、坚持以人民为中心的发展思想

安得广厦千万间，大庇天下寒士俱欢颜！

风雨不动安如山。

呜呼！

何时眼前突兀见此屋，吾庐独破受冻死亦足！

唐朝伟大诗人杜甫看到自己辛辛苦苦盖起来的茅草屋被大风刮倒，由己及人地想到了人民的疾苦，写下这首《茅屋为秋风所破歌》，抒发了忧国忧民的真挚情感。

"历览前贤国与家"，只有中国共产党始终做到了把人民放在心中最高位置，坚持以人民为中心的发展思想，不断为中国人民谋幸福。

杜甫等历代先贤担忧的人民生活困难问题，只有在中国共产党领导下才能得到彻底解决。

1. 把屁股端端地坐在老百姓这一面

陕西省绥德县是长征时期，中央红军在陕北的落脚点，一大批老一辈无产阶级革命家曾在这里战斗生活过。中共绥德地委旧址展厅里有两行字十分醒目："站在最大多数劳动人民的一面""把屁股端端地坐在老百姓的这一面"。

"把屁股端端地坐在老百姓的这一面"，反映了中国共产党的光荣传统和优良作风。党领导人民干革命、搞建设、抓改革，都是为人民谋利益，让人民过上好日子。现代化道路最终能否走得通、行得稳，关键要看是否坚持以人民为中心，坚持发展为了人民，把人民对美好生活的向往作为奋斗目标。

探究与分享

穿越时空的对话（选择一位具有爱国主义情怀的先辈）

你选择的是——
选择的理由——
你想对他说——

2. 始终与人民有福同享、有难同当，有盐同咸、无盐同淡

现代化不仅要看纸面上的指标数据，更要看人民是否幸福。新征程上，我们要更加注重民生、保障民生、改善民生，让改革发展成果更多更公平惠及广大人民群众，使人民群众有更多获得感、幸福感、安全感。

人民群众关心的问题是什么？是食品安不安全、暖气热不热、雾霾能不能少一点、河湖能不能清一点、垃圾焚烧能不能不污染空气、养老服务顺不顺心、能不能买得起或租得起住房，等等。我们要始终把人民放在心中最高位置，始终全心全意为人民服务，始终与人民有福同享、有难同当，有盐同咸、无盐同淡，始终为人民利益和幸福而努力奋斗。

📋 资料卡片

半条棉被

一部红军长征史，就是一部反映军民鱼水情深的历史。在湖南汝城县沙洲村，三名女红军借宿徐解秀老人家中，临走时，把自己仅有的一床被子剪下一半给老人留下了。老人说，什么

是共产党？共产党就是自己有一条被子，也要剪下半条给老百姓的人。

中国共产党的历史就是我们党与人民心心相印、与人民同甘共苦、与人民团结奋斗的历史。一定要一块过、一块干，始终保持同人民群众的血肉联系。

四、坚持深化改革开放

1. 深化供给侧结构性改革

一个硬币有正反两个面，经济发展也有供给和需求两个面。老百姓的需求提高了，市场供给的产品质量也要随之提高。

在这个背景下，党中央作出把实施扩大内需战略同深化供给侧结构性改革有机结合起来的战略部署，推动经济高质量发展，不断推进和拓展中国式现代化。

2. 推进国家治理体系和治理能力现代化

法者，曲制、官道、主用也。凡此五者，将莫不闻，知之者胜，不知者不胜。

《孙子兵法》中提出了能否打胜仗的原理，其中

第五条是法者，也就是军队怎样排兵布阵，怎样加强制度建设。

社会主义社会是一种全新的社会制度，需要和行军打仗一样科学治理，才能在与资本主义制度的竞争中取胜。今天，摆在我们面前的一项重大历史任务，就是推动中国特色社会主义制度更加成熟、更加定型，为社会主义现代化建设提供一整套更完备、更稳定、更管用的制度体系。这项工程极为宏大，零敲碎打调整不行，碎片化修补也不行，必须全面地系统地改革和改进，形成总体效应、取得总体效果。

推进国家治理体系和治理能力现代化建设的总体目标是，到 2035 年基本实现国家治理体系和治理能力现代化，到新中国成立一百年时，全面实现国家治理体系和治理能力现代化。

3. 让开放的大门越开越大

2022 年，第十四届中国航展在广东珠海国际航展中心举行，一批"大国重器"集中亮相，歼-20 飞机急速转向、运油-20 空中加油、C919 大仰角起飞、彩虹-7 无人机现场展示、"白帝"空天飞机揭开神秘面纱，令军迷和网友集体"破防"。珠海航展向全球传递出开放自信的"中国声音"。

开放的春风温暖世界。对外开放是我国的基本国策，我们将加快构建新发展格局，不断扩大高水平对外开放，形成更大范围、更宽领域、更深层次对外开放格局。

探究与分享

2022年，在同一个国家，同一个体育场"鸟巢"，奥林匹克与东方文明再次交汇，一个更加开放、自信、从容的中国，一个"让老百姓感到幸福"的中国，一个"言必信，行必果"的中国，一个"脚踏人间正道"的中国，一个强起来的中国与世界双向奔赴，呈现天下大同的"我们"。

★ 请以"我们一起向未来"为主题，设计一次主题班会方案。

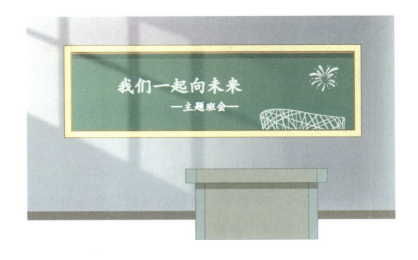

五、坚持发扬斗争精神

"叮铃铃——"

菁菁校园里，久违的上课铃声再次响起。2020年9月1日晚，"开学第一课"如期而至。"共和国勋章"获得者钟南山，"人民英雄"国家荣誉称号获得者张伯礼、张定宇、陈薇等，登上"云讲台"，带领孩子们重温中国刚刚走过的那段非凡历程。

"这就是我们的国家，首先抓住人的生命是第一宝贵的。""我一定要为我们的病人、为我们的城市、为我们的国家筑起一道生命的长城！""除了胜利，别无选择！"……

在这场同严重疫情的殊死较量中，中国人民和中华民族以敢于斗争、敢于胜利的大无畏气概，铸就了生命至上、举国同心、舍生忘死、尊重科学、命运与共的伟大抗疫精神。

1. 我们党依靠斗争创造历史

我们党诞生于国家内忧外患、民族危难之时，一出生就铭刻着斗争的烙印，一路走来就是在斗争中求得生存、获得发展、赢得胜利。敢于斗争、敢于胜利，是党和人民不可战胜的强大精神力量。

我们党依靠斗争创造了历史。为了肩负历史重任，为了党和人民事业，无论敌人如何强大、道路如何艰险、挑战如何严峻，党总是绝不畏惧、绝不退缩，不怕牺牲、百折不挠。

资料卡片

抗美援朝伟大胜利

70多年前，由中华优秀儿女组成的中国人民志愿军，肩负着人民的重托、民族的期望，高举保卫和平、反抗侵略的正义旗帜，雄赳赳、气昂昂，跨过鸭绿江，发扬伟大的爱国主义精神和革命英雄主义精神，同朝鲜人民和军队一道，历经两年零九个月艰苦卓绝的浴血奋战，赢得了抗美援朝战争伟大胜利。这一战，拼来了山河无恙、家国安宁，充分展示了中国人民不畏强暴的钢铁意志！今天，我们向实现第二个百年奋斗目标奋勇前进，全面建设社会主义现代化国家前景光明。前进道路不会一帆风顺。我们要铭记抗美援朝战争的艰辛历程和伟大胜利，敢于斗争、善于斗争，知难而进、坚忍向前，把新时代中国特色社会主义伟大事业不断推向前进。

观看电影《长津湖》，给电影中你最喜爱的一位英雄写一封信，表达你的感谢并向英雄介绍今日之中国人民的幸福生活。

2. 依靠斗争赢得未来

当前，以美国为首的西方国家害怕中国强大起来，凭借掌握着芯片等上游核心技术，拼凑"芯片同盟"，对我国进行"卡脖子"，还发动贸易战、金融战、科技战等，对我国实施全方位的遏制、围堵、打压，在我国台海、南海地区不断进行军事挑衅，给我国安全和发展带来严重威胁。

我国改革发展稳定面临不少躲不开、绕不过的深层次矛盾，来自外部的打压遏制随时可能升级，各种"黑天鹅""灰犀牛"事件随时可能发生。越是接近民族复兴越不会一帆风顺，越充满风险挑战乃至惊涛骇浪。对危及中国共产党的执政地位、国家政权稳定，危害国家核心利益，危害人民根本利益，有可能迟滞甚至打断中华民族伟大复兴进程的重大风险挑战，必须进行坚决斗争，不信邪、不怕鬼、不怕压，在斗争中求得生存、获得发展、赢得胜利。

我们讲的斗争，不是为了斗争而斗争，也不是为了一己私利而斗争，而是为了实现人民对美好生活的向往、实现中华民族伟大复兴与敌对势力进行正义的斗争。

同学们，作为新时代的少年，要珍惜来之不易的今天，要明白无数人的无私付出换来的幸福与平安，不应被挥霍、不应被辜负！请记住：为实现中华民族伟大复兴而不懈努力，是我们的责任与担当！

6 第六课
做祖国和人民事业发展的接班人

　　同学们，少年强则国强。当代中国少年儿童既是实现第一个百年奋斗目标的经历者、见证者，更是实现第二个百年奋斗目标、建设社会主义现代化强国的生力军。我国社会主义现代化、中华民族伟大复兴的中国梦，将来要在你们手中实现。怎样成为祖国和人民事业发展的接班人？怎样为建设社会主义现代化强国、实现中华民族伟大复兴的中国梦时刻准备着？学习本课内容，让我们一起思考。

┃ 一、扣好人生第一粒扣子 ┃

★★★ 唱一唱 ·······································

中国少年先锋队队歌

我们是共产主义接班人
继承革命先辈的光荣传统

爱祖国　爱人民

鲜艳的红领巾飘扬在前胸

不怕困难　不怕敌人

顽强学习　坚决斗争

向着胜利勇敢前进

向着胜利勇敢前进前进

向着胜利勇敢前进

我们是共产主义接班人

…………

一首中国少年先锋队队歌表现了中国少年先锋队坚强不屈，坚忍不拔，爱祖国、爱人民，为了共产主义事业而奋斗的革命激情，唱出了他们朝气蓬勃、积极向上的爱国精神，唱出了少年先锋队员坚定的理想信念和作为共产主义事业接班人的自豪感和荣誉感。

我们培养人要在坚定理想信念上下功夫，要在厚植爱国主义情怀上下功夫，要在加强品德修养上下功夫，要在增长知识见识上下功夫，要在培养奋斗精神上下功夫，要在增强综合素质上下功夫。六个"下功夫"明确了新时代学生要具备的基本素质和精神面貌。

可见，作为祖国和人民事业发展的接班人，我们必须努力成为有理想、有本领、有担当的时代新人。

●●● 讲一讲

甘如意，1996 年出生，湖北省荆州市公安县人，武汉市江夏区金口中心卫生院检验科化验员。2020 年春节前夕，武汉暴发新冠疫情，武汉"封城"，交通阻断，列车停运。正在老家过年的甘如意，一心想着自己的职责，辞别父母后，骑着自行车，四天三夜从公安县返回单位，与同事们并肩抗疫。2020年获评"全国抗击新冠肺炎疫情先进个人""一线医务人员抗疫巾帼先锋"。2020年9月17日，中央文明办发布2—7月"中国好人榜"，甘如意被评为"敬业奉献好人"。2020年9月27日下午，湖北省抗击新冠肺炎疫情先进事迹首场报告会在武汉举行。在现场，甘如意分享了她的战疫故事，一起来听一听。

●●● 听一听

前方是病毒肆虐的武汉，后面是温暖的家。是继续前行还是原路返回，我真有些犹豫了。我的同事们正在坚守岗位，全国各地的医务人员也在星夜驰援武汉，这时候退缩放弃，我会自责一辈子。

搭不上车，那就还是骑车吧。我又找了辆共享单车，沿着318国道，继续赶路。下一个目标——70公里以外的潜江。

天上下起小雨，风也特别冷。我没有雨衣，冰凉的雨滴打在脸上，不一会儿，我的手就冻僵了，可羽绒服里却是一身汗。长时间的骑行，我的膝盖越来越痛；背包里的东西也吃完了，又冷又饿。

突然，自行车前轮猛地一抖，呀！掉进一个大水坑了，鞋湿了，袜子也湿了，冰冷刺骨。我的背包也被甩出了很远。

狼狈不堪的我，简单收拾一下，又出发了。我看了看导航，已经骑了7个多小时，而距离潜江还有10公里，天越来越黑，雨也越来越大了。我一会儿骑，一会儿推，夹杂着雨点的风，肆意地打在脸上，说不出来的疼，我再也忍不住了，大哭起来。

是泪水，还是雨水，我已经分不清了。我只记得，自己一边骑，一边在嘴里念叨："甘如意，加油！加油！走一段就少一段了。"

9个多小时后，我终于到了潜江。天已经漆黑，在入城的一个卡口，我遇到了几名警察，"我有希望了"。

行动是青春的证明，我想用顶风冒雨、骑行返岗的经历告诉大家，我们青年一代是好样的、经得起考验的，千千万万个青年奋斗的青春、奉献的青春、无悔的青春汇聚在一起，就一定能造就一个青春的中国，请相信我们。

●●● 悟一悟

甘如意是青年一代的缩影。青年一代不怕苦、不畏难、不惧牺牲，用臂膀扛起如山的责任，展现出青春激昂的风采，映射出中华民族的希望。

探究与分享

小勇同学阅读的《论语》中有这样一句话："见贤思齐焉，见不贤而内自省也。"

★ 这句话传递给我们向榜样学习的意义是什么呢？

1. 坚持品德为先

要做一个对国家、对人民、对社会有用的人，要做一个好人，就要有品德、有知识、有责任，要坚持品德为先。我们要从小做起，心有榜样，学习英雄人物、先进人物、美好事物，从自己做起、从身边做起、从小事做起，一点一滴积累，养成好思想、好品德；学习和传承中华民族传统美德，学习和弘扬社会主义新风尚，热爱生活，懂得感恩，与人为善，明礼诚信，争当学习和实践社会主义核心价值观的小模范。

2. 早立志、立大志

志向是奋斗的原动力，也是人生的定盘星。古人说："志不立，天下无可成之事。""人苟能自立志，则圣贤豪杰，何事不可为？"人非生来就注定能干什么。能不能干什么，首先看志向。青少年要扣好人生第一粒扣子，这第一粒扣子就是早立正确而远大的志向。古今中外大凡有作为的人，无一不是志向远大的人。一个有意义的人生，必定是同人民一道拼搏、同祖国一道前进的人生，必定是有信念、有梦想、有奋斗的人生。

我们要早立志、立大志，从内心深处厚植追求真理、报效祖国的志向，爱祖国、爱人民、爱劳动、爱科学、爱社会主义，时刻把祖国和人民放在心中，把自身的理想同祖国的前途、把自己的命运同民族的命运紧密联系在一起，从小听党话、跟党走，努力做中国特色社会主义事业的合格建设者和可靠接班人。

　　志向是人生的航标。一个人可以有很多志向，但人生最重要的志向应该同祖国和人民联系在一起，这是人们各种具体志向的底盘，也是人生的脊梁。

　　纵观世界发展史，许多思想家、科学家、文学家的重要创造都是产生于风华正茂、思维敏捷的青年时期。《共产党宣言》发表时马克思是 30 岁，恩格斯是 28 岁。牛顿和莱布尼茨发现微积分时分别是 22 岁和 28 岁。达尔文开始环球航行时是 22 岁，后来写出了著名的《物种起源》。爱迪生发明留声机时是 30 岁，发明电灯时是 32 岁。居里夫人发现镭、钍、针 3 种元素的放射性时是 31 岁，由此获得了诺贝尔奖。爱因斯坦提出狭义相对论时是 26 岁，提出广义相对论时是 37 岁。李政道和杨振宁提出弱相互作用中宇称不守恒定律时分别为 30 岁和 34 岁。

3. 传承红色基因

　　在陕西照金北梁红军小学，村里的老人常给孩子们讲照金的革命历史，希望孩子们多了解中国革命、建设、改革的历史知识，多向英雄模范人物学习，热爱中国共产党、热爱祖国、热爱人民，用实际行动把红色基因一代代传下去。在党和政府以及社会各界关心下，北梁小学恢复为完全小学，同学们上高年级不用跑远路了，在学校就能喝上直饮水，洗上热水澡。

这片红色的土地让孩子们骄傲和自豪。他们说，今天的幸福生活来之不易，要怀着一颗感恩的心，珍惜时光，努力学习，将来做对国家、对人民、对社会有用的人。

当代中国，爱国主义的本质就是坚持爱国和爱党、爱社会主义的高度统一。我们要多了解中国革命、建设、改革的历史知识，多向英雄模范人物学习，热爱中国共产党、热爱祖国、热爱人民，用实际行动把红色基因一代代传下去。

探究与分享

缅怀，为铭记，更为传承。最深的缅怀是弘扬，最好的纪念是传承。新一代的我们必将让英烈事迹代代相传，让英烈精神生生不息！我们必将汇聚起不可战胜的磅礴力量，唱响青春之歌，在新征程上慨然前行。

★ 每逢清明节、烈士纪念日来临之际，你所在的班级将组织一次"缅怀英烈，传承有我"的主题教育实践活动，请你结合上述材料为此次活动制订实施方案。

4.当学习和实践社会主义核心价值观的小模范

我们要加强道德养成，让社会主义核心价值观的种子在心中生根发芽，把国家、民族、人民装在心中，注重养成健康、乐观、向上的品格。学习和传承中华民族传统美德，学习和弘扬社会主义新风尚，热爱生活，懂得感恩，与人为善，明礼诚信，争当学习和实践社会主义核心价值观的小模范。

🔍 探究与分享

假如你所在的学校开展"践行社会主义核心价值观·创建最佳文明校园"主题月活动。以下是该活动的具体实施项目：①"我任学校小校长"。②我做校园"活雷锋"。③我当量化"考核员"。④我评最优"好少年"。⑤我创最佳"文明班"。⑥我是最棒"宣传队"。

★ 请选择其中一个项目，谈谈你落实此项目的具体措施。

我选择的是：

我的措施：

二、为祖国和人民事业时刻准备着

2022 年 2 月 15 日，中国运动员苏翊鸣站上首钢滑雪大跳台，加速冲刺，腾跃翻转，稳稳落地，凭借前两轮完美发挥奠定胜局，成为我国历史上最年轻的冬奥会冠军。他以不到 18 岁的年纪，在高手如云的冬奥赛场上收获一金一银，让五星红旗高高飘扬在赛场，为中国冰雪竞技运动掀开了崭新一页。

新时代是追梦者的时代，也是广大青少年成就梦想的时代。希望你们心系祖国，志存高远，脚踏实地，在奋斗中创造精彩人生，为祖国和人民贡献青春和力量。

1. 像海绵吸水一样学习知识

成功从来无捷径，多次取得出色成绩的背后，是无数次的刻苦训练和摔倒重来。苏翊鸣一步一个脚印，逐渐把梦想变成现实。

努力学习是少年儿童的首要任务，掌握本领是成长成才的重要基础。想象力、创造力从哪里来？要从刻苦的学习中来。知识越学越多，知识越多越好，青少年要像海绵吸水一样学习知识。我们要在增长知识见识上下功夫，珍惜学习时光，心无旁骛求知问学，增长见识，丰富学识，沿着求真理、悟道理、明事理的方向前进。既勤学书本知识，又多学课外知识，还要勤于思考，多想想，多问问，培养自己的创造精神。

时代总是不断发展的，等你们长大了，生活将发生巨大变化，科技也会取得巨大进步，需要你们用新理念、新知识、新本领去适应和创造新生活。

我们要保持对知识的渴望，保持对探索的兴趣，培育科学精神，刻苦学习，努力实践，讲科学、爱科学、学科学、用科学，努力成长为祖国的栋梁之材，将来更好为实现中华民族伟大复兴的中国梦贡献力量。

探究与分享

2023年3月28日，教育部等八部门启动全国青少年学生读书行动，并印发《全国青少年学生读书行动实施方案》，推动青少年学生阅读深入开展，促进全面提升育人水平。

为响应教育部号召，你所在的学校启动了"书香校园"创建活动。

★ 请向你的同学推荐两本阅读书籍，并选择其中一本，说说推荐它的理由。

★ 你所在的学校即将举行创建"书香校园"启动仪式，启动仪式将邀请部分家长代表参加，请你帮学校设计一份给家长的邀请函。

2. 通过劳动创造美好生活

"幸福不是毛毛雨，幸福不是免费午餐，幸福不会从天而降"，幸福都是奋斗出来的，人世间的一切成就、一切幸福都源于劳动和创造。生活靠劳动创造，人生也靠劳动创造。劳动最光荣，劳动最崇高，劳动最伟大，劳动最美丽。

我们要树立劳动光荣的观念，自己的事自己做，他人的事帮着做，公益的事争着做，通过劳动播种希望、收获果实，也通过劳动磨炼意志、锻炼自己。

探究与分享

你所在的社区开展"劳动让我光荣"演讲比赛。

★ 在班主任的鼓励下你决定报名参加，请列出你的演讲提纲。

资料卡片

"荒原变林海"的人间奇迹

塞罕坝机械林场（以下简称塞罕坝林场），是河北省林业厅直属的大型国有林场，位于河北省最北部、承德市围场满族蒙古族自治县北部坝上地区。半个多世纪前，这里还是"黄沙遮天日，飞鸟无栖树"的荒僻苦寒之地。20 世纪 60 年代初，新中国下定决心建一座大型国有林场，恢复植被，阻断风沙。1962 年，369 名平均年龄不足 24 岁的创业者，从四面八方奔赴塞罕坝，在白雪皑皑的荒原，拉开了创业的序幕。啃窝头、喝雪水、住窝棚……塞罕坝林场人以超乎想象的牺牲和意志苦干实干，三代人用半个多世纪的艰苦奋斗，克服了一个个困难，种下了一棵棵落叶松、樟子松、云杉幼苗，让绿色在高原荒漠生根、蔓延，把荒原变成了绿洲，筑起一道绿色长城，成为京津冀和华北地区的风沙屏障、水源卫士。今天的塞罕坝，是林的海洋、河的源头、花的世界、鸟的乐园、盛夏避暑的天堂、摄影家流连忘返的地方。

3.健康身心、砥砺坚韧

身体是人生一切奋斗成功的本钱。我们要积极参加体育锻炼，在体育锻炼中享受乐趣、增强体质、健全人格、锤炼意志。

身心健康就是强健的体魄和美好的心灵。我们要"准备接受一切美好的东西"。敞开胸怀拥抱自然，点点滴滴播撒阳光，经年累月铸就美好，努力做一个心灵纯洁、人格健全、品德高尚的人，努力做一个有文化修养、有人文关怀、有责任担当的人。

你们今天做祖国的好儿童，明天做祖国的建设者，美好的生活属于你们，美丽的中国梦属于你们。

📰 资料卡片

"艰难困苦，玉汝于成。"长征历时之长、规模之大、行程之远、环境之险恶、战斗之惨烈，在中国历史上是绝无仅有的，在世界战争史乃至人类文明史上也是极为罕见的。在漫漫征途中，红军将士同敌人进行了600余次战役战斗，跨越近百条江河，攀越40余座高山险峰，其中海拔4000米以上的雪山就有20余座，穿越了被称为"死亡陷阱"的茫茫草地，用顽强意志征服了人类生存极限。红军将士上演了世界军事史上威武雄壮的战争活剧，创造了气吞山河的人间奇迹。

中华民族历史上经历过很多磨难，但从来没有被压垮过，而是愈挫愈勇，不断在磨难中成长、从磨难中奋起。我们要敢于面对各种困难和挫折，自觉培养不畏艰难、顽强奋进的意志品质，长成中华民族的参天大树。

同学们，推进中国式现代化，也是一代代中国筑梦人的长征，既然是长征，就不可避免要"爬雪山""过草地"，不可避免地要面临新的困难、危机与挑战。

同学们，"自古雄才多磨难，从来纨绔少伟男"、"少年辛苦终身事，莫向光阴惰寸功"。作为祖国的希望，我们要比就比谁更有志气，比谁更勤奋学习，比谁更热爱劳动，比谁更爱锻炼身体，比谁更有爱心。梦在前方，路在脚下，我们都是追梦人。

时刻准备着，为实现第二个百年奋斗目标而奋斗！为实现中华民族伟大复兴的中国梦而奋斗！为共产主义事业而奋斗！不忘初心，志在千秋，青春朝气永在，百年仍是少年，奋斗正青春！青春献给党！

请党放心，强国有我！

请党放心，强国有我！

后 记

　　《中国式现代化初中生学习六课》由中共湖北省委宣传部组织编写，希望为广大初中生学习中国式现代化相关知识提供生动读本。

　　为做好编写工作，中共湖北省委宣传部成立编写组，主编由许正中、邓务贵担任，参与编写成员有：高天琼、周凤荣、姚亭华、岳奎、雷凯红、李丹、尹旦萍、刘建江、陈静、杨博、李沛。

　　在编写过程中，编写组邀请有关高校专家学者、中小学教师、出版编辑人员，进行了多次讨论、征求意见。湖北人民出版社副社长马骏，湖北教育出版社总编辑柯尊文，长江少年儿童出版社总编辑姚磊、长江少年儿童出版社文教分社总编辑汤滢滨，北京师范大学朝阳附属学校校长蒋立红、小学部校长杨建国，北京中学副校长肖中，湖北省武汉市大东门小学校长孙民，北京市朝阳师范学校附属小学教育集团校长王红梅，江西省兴国县枫边乡石印小学校长王根生，江西省赣州市赣县区储潭中心小学校长陈远浪等提出了宝贵意见。在此，一并表示诚挚感谢！

　　欢迎使用读本的广大师生提出宝贵意见。

编　者

责任编辑：杨瑞勇

插　　画：黄迎春　赵燕娜　张燕群

封面设计：石笑梦

图书在版编目（CIP）数据

中国式现代化初中生学习六课／中共湖北省委宣传部 编著 . — 北京：
　　人民出版社，2023.10

ISBN 978－7－01－025859－1

I.①中…　 II.①中…　 III.①政治课－教学研究－初中　 IV.① G633.202

中国国家版本馆 CIP 数据核字（2023）第 149041 号

中国式现代化初中生学习六课

ZHONGGUOSHI XIANDAIHUA CHUZHONGSHENG XUEXI LIUKE

中共湖北省委宣传部　　编著

人民出版社 出版发行

（100706　北京市东城区隆福寺街 99 号）

北京盛通印刷股份有限公司印刷　　新华书店经销

2023 年 10 月第 1 版　　2023 年 10 月北京第 1 次印刷

开本：710 毫米 ×1000 毫米 1/16　印张：5.75

字数：59 千字

ISBN 978－7－01－025859－1　定价：39.00 元

邮购地址 100706　北京市东城区隆福寺街 99 号

人民东方图书销售中心　电话（010）65250042　65289539